Learn English

English for Chinese Speakers, Written in Mandarin Chinese

Christopher Panaretos

ISBN 9781717802835

英文的总结	2
有用的提示	4
词序	5
代名词	7
名词	9
冠词	11
计算数量	13
形容词	15
所有格	17
动词	23
副词	40
介词	41
连词	47
对照	49
问题	51
常用词	57

英语的总结

非音调语言。单词通常是以特定强调音节的模式来说，但是单词的含义并不会因为不同的音高和音调而改变。

写作是用26个**字母**来完成，其中有21个辅音和5个元音。一个音节通常是由1-2个辅音和1-2元音组成的。一个单词是由一个或多个音节组成的。

标点符号，列如句号，逗号，引号的使用方法与中文相同。但是与中文不同的是单词由空格分隔。

英文的词序通常是：

主词 -> 动词 -> 受词 -> 介词

主语代名词和**宾格代名词**的拼法不同。

名词会根据数量的不同而改变拼法。

冠词是用来表明一个东西只有一个，或者指一个组中的某一个名词。

计算数量是直接把数字写在名词前面来完成的。与中文不同的是，在引用或计算名词的时候，不需要用特殊的量词。

形容词是直接放在名词前面的。

主词的**所拥**有关系是由特殊的单词来表达的。

动词的拼法会根据不同的主词和时态而改变。

动词的时态是根据动词的拼法以及与主要动词一起使用的特殊单词来表明的。

副词是放在动词的前面或后面，并且通常结尾是 -ly.

对照是由特殊的单词来表达的，有时候会有特定的单词顺序。

问题是由问号和问题词语来表示的。

有用的提示

最重要的是**自尊心**。你一定要有强大的自尊心否侧会妨碍到你学习。你不会意识到这个带来的影响。你会没有学习的动力。

第二是**练习**说，听，写，和自己阅读。只有自己做的时候才能变得更好。不是靠读或听别人描写怎么做一件事。

最后是**时间**。你应该在250个小时候达到基本初级水平。在500个小时后达到扎实的初级水平。在1000个小时后达到中级水平。

词序

英文词序通常是会把介词放在动词的后面。

I want to go to the beach.

I	want	to go	to	the	beach
我	要	去	-	-	海滩

我要去海滩

She ate dinner yesterday.

she	ate	dinner	yesterday
她	吃了	晚饭	昨天

她昨天吃了晚饭

You put the garlic in the pan.

you	put	the	garlic	in	the	pan
你	放	-	蒜	在...里	-	锅

你把蒜放在锅里

They slept on the bed.

they	slept	on	the	bed
他们	睡觉了	在…上	-	床

他们在床上睡觉了

He likes to swim in the pool.

he	likes	to swim	in	the	pool
他	喜欢	游泳	在…里	-	游泳池

他喜欢在游泳池里游泳

Tomorrow at school, we want to talk.

tomorrow	at	school	we	want	to talk
明天	在	学校	我们	要	谈话

明天我们要在学校谈话

代名词

主语代名词和宾格代名词是用不同单词来表达的。

I give you a cookie.

I	give	you	a	cookie
我	给	你	一块	饼干

我给你一块饼干

You give me water.

you	give	me	water
你	给	我	水

你给**我**水

She sees him.

she	sees	him
她	看到	他

她看到**他**

He will see **us**.

he	will	see	us
他	会	看见	我们

他会看见**我们**

We want to listen to **them**.

we	want	to listen	to	them
我们	想要	倾听	-	他们

我们想要倾听**他们**

Last month, **they** spoke with **her**.

last month	they	spoke	with	her
上月	他们	谈过	跟	她

上月，**他们**跟**她**谈过

名词

英文里名词会根据数量改变拼法。通常会把**S**加在单词的后面，但是有的时候一个单词的复数形式会是一个不同的单词。

I have one **eye**.

I	have	one	eye
我	有	一	眼睛

我有一个**眼睛**

Ducks have two **eyes**.

ducks	have	two	eyes
鸭子	有	两	眼睛

鸭子有两个**眼睛**

Spiders have eight **legs**.

spiders	have	eight	legs
蜘蛛	有	八	腿

蜘蛛有八只**腿**

Both **women** and **men** can be engineers.

both	women	and	men
都	女人	和	男人

can	be	engineers
可以	是	工程师

女人和**男人**都可以成为工程师

One **mouse** is white.

one	mouse	is	white
一	老鼠	是	白色的

一只**老鼠**是白色的

Five **mice** are brown.

five	mice	are	brown
五	老鼠	是	棕色的

五只**老鼠**是棕色的

冠词

冠词是用来表示一个东西只有一个，或者指一个组中的某一个的名词。以辅音开头的名词就用**a**，以元音开头的名词就用**an**. **The**可以跟任何名词一起用。

I bought **one** car.

I	bought	one	car
我	买了	一辆	汽车

我买了**一辆**汽车

They write with **a** pen.

they	write	with	a	pen
他们	写	和	-	笔

他们用笔写东西

You eat **the** pineapple.

you	eat	the	pineapple
你	吃	-	菠萝

你吃菠萝

She wants to eat **an** apple.

she	wants	to eat	an	apple
她	要	吃	一个	苹果

她要吃一个苹果

We drink **a** cup of tea.

we	drink	a cup	of	tea
我们	喝	一杯	-	茶

我们喝一杯茶

He sits on **the** chair.

he	sits	on	the	chair
他	坐	在…上	-	椅子

他坐在椅子上

计算数量

在英文里，计算一个东西的数量是把数字放在在名词前面。

I	catch	one	fish
我	钓到	一	鱼

我钓到一条鱼

Seven children had eaten **twenty-eight** cakes.

seven	children	had eaten
七	孩子	吃了

twenty-eight	cakes
二十八	蛋糕

七个孩子吃了二十八块蛋糕

Two women are walking.

two	women	are walking
两	女人	在走路

两个女人在走路

He has **ten** dogs at home.

he	has	ten	dogs	at	home
他	有	十	狗	里	家

他家里有**十**只狗

You have **many** pencils.

you	have	many	pencils
你	有	很多	铅笔

你有**很多**铅笔

形容词

形容词是放在名词前面的。

The **big** house is on the hill.

the	big	house	is	on	the	hill
-	大	房子	在	上	-	坡

那个**大**房子在坡上

I have some **expensive** telephones.

I	have	some	expensive	telephone
我	有	一些	贵	电话

我有一些**贵的**电话

She rides a **small** bicycle.

she	rides	a	small	bicycle
她	骑	一个	小	自行车

她骑一个**小**自行车

The **young** bird sings.

the	young	bird	sings
-	年幼	鸟	唱歌

年幼的鸟唱歌

They see **eight**, **blue**, **happy** fish.

they	see	8	blue	happy	fish
他们	看见	八	蓝色	快乐	鱼

他们看见**八条蓝色快乐的**鱼

所有格

主词的所拥有关系是由特殊的单词来表达的。

我的	mine	The football is **mine**.
你的	yours	The cake is **yours**.
她的	hers	The car is **hers**.
他的	his	The book is **his**.
我们的	ours	The water is **ours**.
他们的	theirs	The pizza is **theirs**.

我的	my	It is **my** football.
你的	your	It is **your** cake.
她的	her	It is **her** car.
他的	his	It is **his** book.
我们的	our	It is **our** water.
他们的	their	It is **their** pizza.

It is **your** cake.

it	is	your	cake
它	是	你的	蛋糕

是**你的**蛋糕

It is **her** car.

it	is	her	car
它	是	她的	汽车

是**她的**汽车

The book is **his**.

the	book	is	his
-	书	是	他的

书是**他的**

My cat sleeps.

my　　　　　cat　　　　　sleeps
我的　　　　猫　　　　　睡觉

我的猫睡觉

Their dogs run.

their　　　　dogs　　　　run
他们的　　　狗　　　　　跑步

他们的狗跑步

He eats **our** food.

he　　　eats　　　our　　　　food
他　　　吃　　　我们的　　　食物

他吃**我们的**食物

Article - Noun - Adjective Groups

My small cat jumps.

my	small	cat	jump
我的	小	猫	跳

我的小猫跳起来

The tall, thin man drinks.

the	tall	skinny	man	drinks
-	高	瘦	男人	喝

那个瘦高的男人在喝水

The brown cow sleeps.

the	brown	cow	sleeps
-	棕色的	牛	睡觉

棕色的牛睡觉

He sees **a smart woman**.

he	sees	a	smart	woman
他	看见	一个	聪明的	女人

他看见一个聪明的女人

My four orange fish swim.

my	four	orange	fish	swim
我的	四	橙色的	鱼	游泳

我的四只橙色的鱼在游泳

Their kitchen has **many big windows**.

their	kitchen	has	many	big	windows
他们的	厨房	有	很多	大	窗户

他们的厨房有**很多大窗户**

There are **three small, blue birds** here.

there are　three　small　blue　birds　here
有　三　小　蓝色的　鸟　这里

这里有**三只蓝色的鸟**

I want to eat **twenty sweet cookies**.

I　want　to eat　twenty　sweet　cookie
我　要　吃　二十　甜　饼干

我要吃**二十块甜饼干**

Fourteen brown worms live underground.

fourteen　brown　worms　live　underground
十四　棕色的　虫子　住　在地下

十四条棕色的虫子生活在地下

动词

动词的拼法会根据不同的主词和时态而改变。我们来用**吃 eat** 这个动词作为列子。

有 **6个主词**：我，你，他，她，他们，我们。

I eat.
I　　eat
我　　吃
我吃饭

She eats.
she　　eats
她　　吃
她吃饭

They eat.
they　　eat
他们　　吃
他们吃饭

You eat.
you　　eat
你　　吃
你吃饭

He eats.
he　　eats
他　　吃
他吃饭

We eat.
we　　eat
我们　　吃
我们吃饭

有**12个动词时态**：4个过去式，4个现在式，4 未来式。

eat - Past - 过去式

Past Simple	I ate	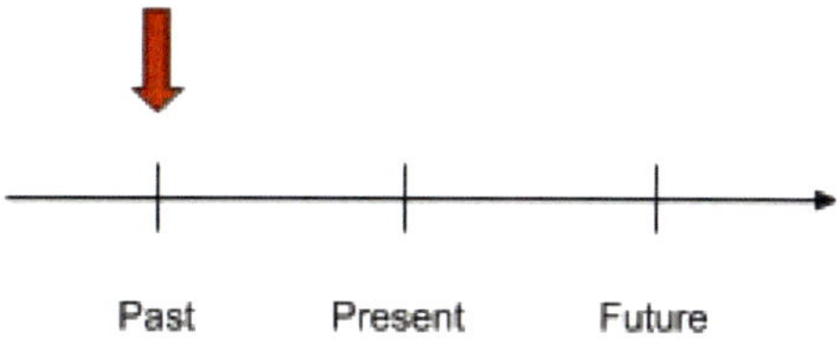 
Past Continuous	I was eating	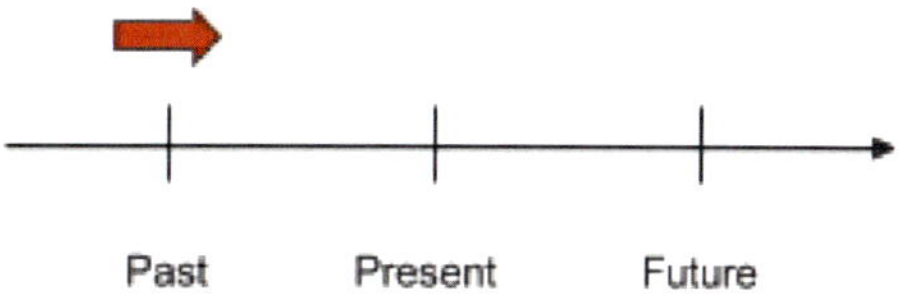
Past Perfect	I had eaten	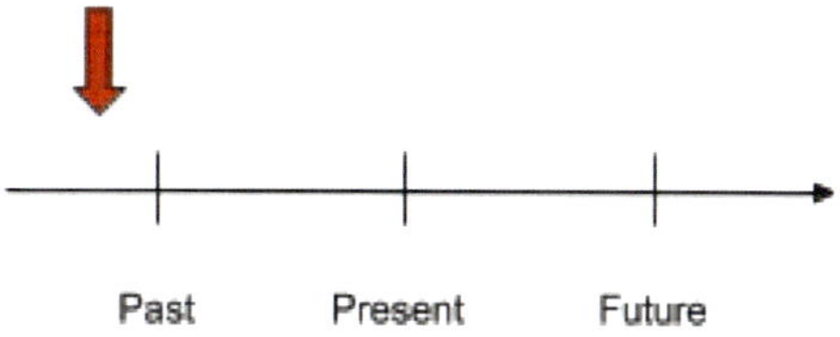
Past Perfect Continuous	I had been eating	

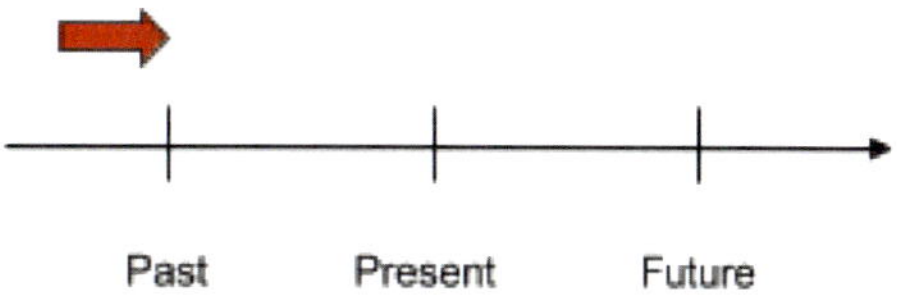

eat - Present - 现在式

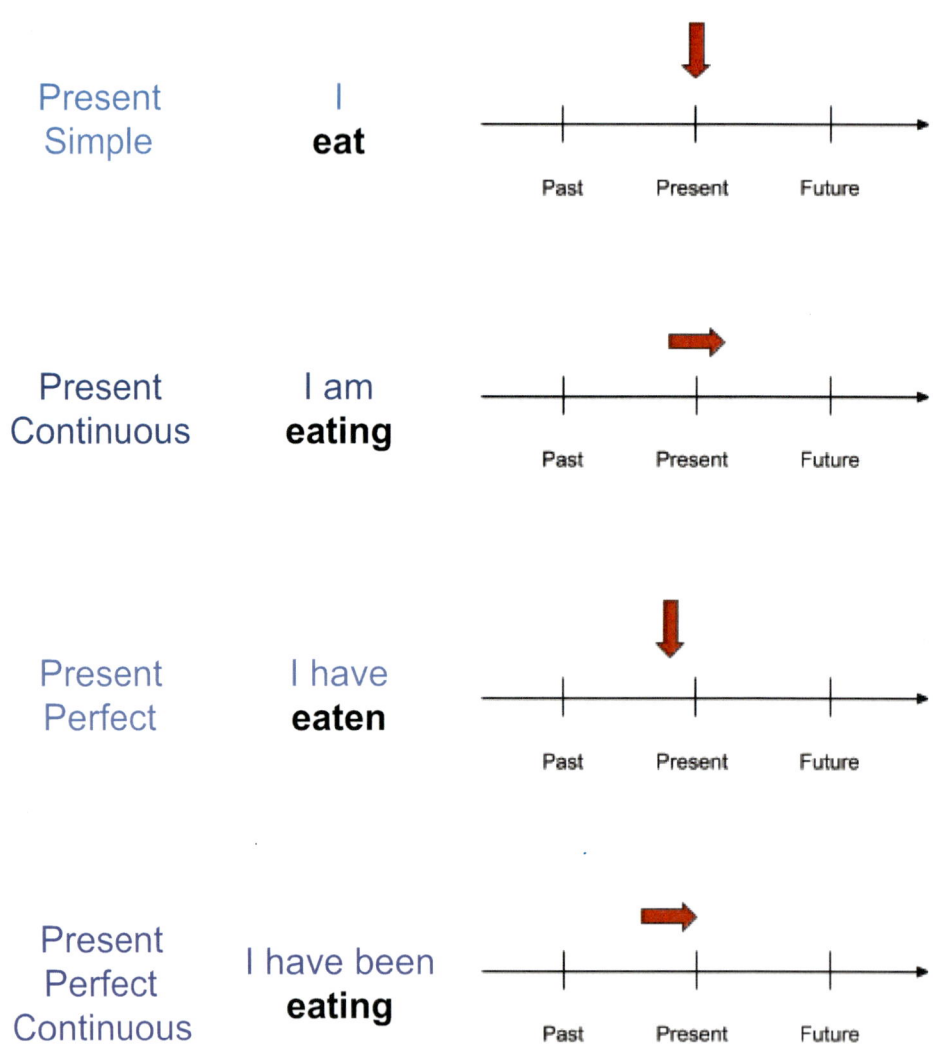

eat - Future - 未来式

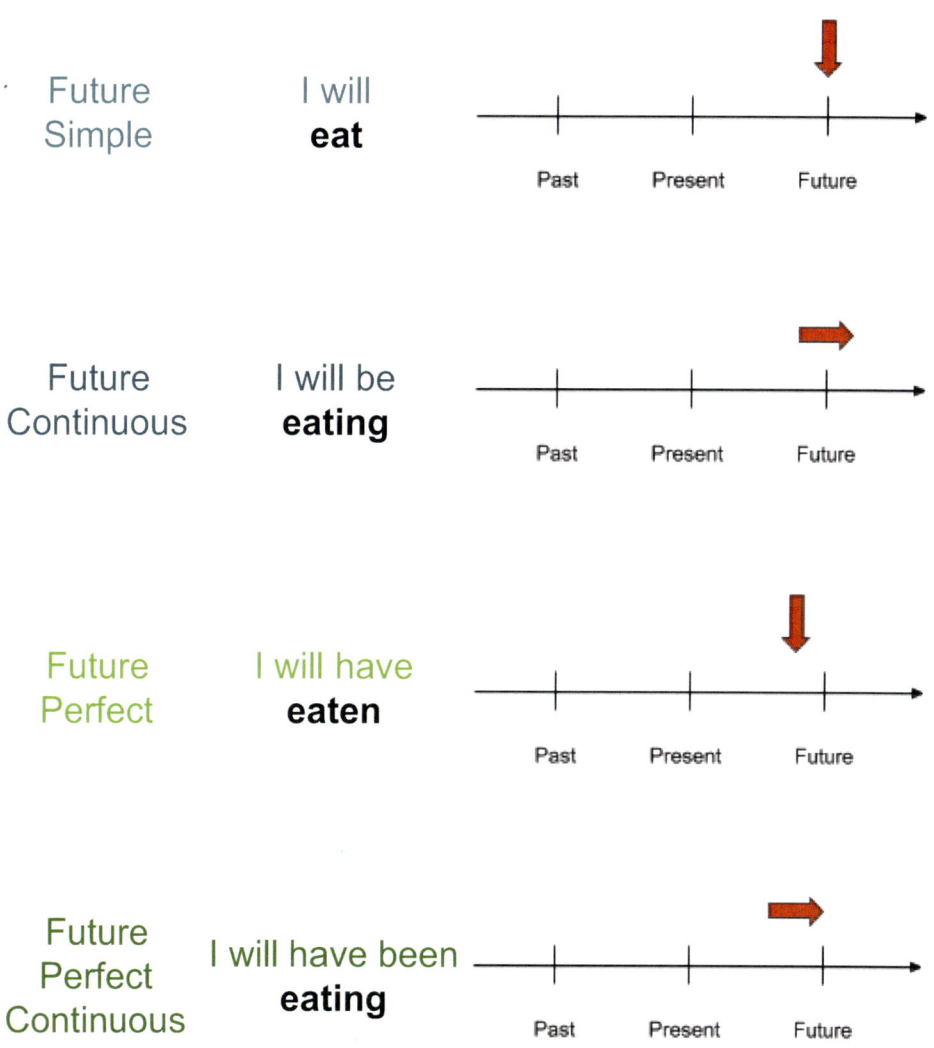

所以有72个主词与动词的组合。看起来可能太多了，可是拼法常常是重复的。你只需要知道几个拼法就可以了。

eat - Past

I **ate**	I was **eating**	I had **eaten**	I had been eating
You ate	You were eating	You had eaten	You have been eating
She ate	She was eating	She had eaten	She had been eating
He ate	He was eating	He had eaten	He had been eating
We ate	We were eating	We had eaten	We had been eating
They ate	They were eating	They had eaten	They had been eating

eat - Present

I **eat**	I am **eating**	I have **eaten**	I have been eating
You eat	You are eating	You have eaten	You have been eating
She **eats**	She is eating	She has eaten	She has been eating
He eats	He is eating	He has eaten	He has been eating
We eat	We are eating	We have eaten	We have been eating
They eat	They are eating	They have eaten	They have been eating

eat - Future

I will **eat**	I will be **eating**	I will have **eaten**	I will have been eating
You will eat	You will be eating	You will have eaten	You will have been eating
She will eat	She will be eating	She will have eaten	She will have been eating
He will eat	He will be eating	He will have eaten	He will have been eating
We will eat	We will be eating	We will have eaten	We will have been eating
They will eat	They will be eating	They will have eaten	They will have been eating

He **traveled** to America last year.

he	traveled	to	America	last year
他	旅行了	-	美国	去年

去年他**去了**中国旅行

While I **was reading**, you **were writing**.

while	I	was reading
当…时	我	阅读

you	were writing
你	在写

当我**阅读**时，你正**在写**东西

They **had spoken** yesterday.

they	had spoken	yesterday
他们	说过了	昨天

昨天他们**说过了**

We **had been looking** for it all day.

we	had been looking for
我们	在寻找

it	all	day
它	一整...都	天

我们一整天都**在寻找**它

We **play** together.

we	play	together
我们	玩	一起

我们一起**玩**

They **are playing** soccer.

they	are playing soccer
他们	在踢足球

他们**在踢**足球

She **has asked** many times.

she	has asked	many	times
她	已经问了	很多	次

她已经问很多次了

She **has been studying** for thirty minutes.

she	has been studying	for	thirty	minutes
她	已经学习了	-	三十	分钟

她已经学习了三十分钟

I **will study**.

I	will	study
我	会	学

我会学

Next week, he **will be working**.

next week	he	will be working
下星期	他	在工作

下星期，他应该在工作

When he **comes**, I **will have left** already.

when	he	come	I	will have left	already
当...时	他	来	我	离开了	已经

当他**来**时，我已经**离开了**

She **will have been living** there for five years.

she	will have been living	there
她	会已经住过了	在那里

for	five	years
-	五	年

她**会**在那里已经**住过**五年**了**

动词时态故事
过去式

Yesterday, I **woke up** at 6 AM in the morning.

yesterday	I	woke up	at
昨天	我	醒来了	-

six AM	in	the	morning
六点	-	-	早上

昨天早上六点，我醒来了

My wife **had woken up** ten minutes earlier, while I was still sleeping.

my	wife	had woken up
我的	妻子	醒来了

10	minutes	earlier	while
十	分钟	在...前	而

I	was still sleeping
我	还在睡

我的妻子在十分钟前醒来了，而我还在睡

I asked her what she had been doing while I **was sleeping**.

I	asked	her	what
我	问	她	什么

she		had been doing	
她		做了	

while	I	was sleeping
在...时	我	睡

我问她在我**睡**时她做了什么

She said she **had been listening to** music.

she	said	she
她	说	她

had been listening to	music
在听	音乐

她说她**在听**音乐

现在式

It is 5 PM, and I **am watching** a movie.

it	is	five PM	and
-	是	五点	而

I	am watching	a	movie
我	在看	-	电影

现在是五点，我**在看**电影

My friend **watches** the movie with me.

my	friend	watches	the
我的	朋友	看	-

movie	with	me
电影	跟	我

我的朋友跟我一起**看**电影

She **has seen** this movie two times already.

she	has seen	this
她	看了	这个

movie	two	times	already
电影	两	次	已经

她已经看这个电影两次了

So she **has been playing** a game on her phone for the last thirty minutes.

so	she	has been playing	a
所以	她	玩	-

game	on	her	phone	for
游戏	在...上	她的	手机	-

the	last	30	minutes
-	过去的	三十	分钟

所以过去的三十分钟，她在她的手机上**玩**游戏

未来式

Tomorrow afternoon, I **will call** my mother.

tomorrow	afternoon	I
明天	下午	我

will call	my	mother
会给打电话	我	妈妈

明天下午，我**会**给我妈妈**打**电话

She **will be eating** cake with her friends, because tomorrow is her birthday.

she	will be eating	cake
她	会吃	蛋糕

with	her	friends	because
和	她的	朋友	因为

tomorrow	is	her	birthday
明天	是	她的	生日

她**会**和她的朋友**吃**蛋糕，因为明天是她的生日

Before meeting her friends, she **will have gone** to the salon for a haircut.

before	meeting	her	friends
在...之前	见	她的	朋友

she	will have gone	to	the
她	会去了	-	-

salon	for	a	haircut
沙龙	做	-	理发

在见她的朋友之前，她**会**已经**去了**沙龙做理发

Her friends **will have been making** her birthday cake in the morning.

her	friends	will have been making
她的	朋友	会做

her	birthday	cake
她的	生日	蛋糕

in	the	morning
在	-	早上

她的朋友**会**在早上**做**她的生日蛋糕

副词

在英文里，副词是放在动词的前面或后面，并且通常结尾是 **-ly**.

She runs **quickly**.

she　　　　runs　　　　quickly
她　　　　　跑　　　　　很快

她跑得**很快**

He is **always** hungry.

he　　　is　　　always　　　hungry
他　　　是　　　总是　　　　饿

他**总是**好饿

We sing **happily**.

we　　　　sing　　　　happily
我们　　　唱歌　　　　高兴地

我们**高兴地**唱歌

介词

在英文里，通常会把介词放在动词的后面。

I go **to** the store.

I	go	to	the	store
我	去	-	-	商店

我去商店

She walks **in front of** him.

she	walks	in front of	him
她	走	在...前面	他

她走**在**他的**前面**

It is **in** the bag.

it	is	in	the	bag
它	在	里	-	袋子

它在袋子里

The water is **for** the dog.

the	water	is	for	the	dog
-	水	是	给	-	狗

水是给狗的

The book is **on** the table.

the	book	is	on	the	table
-	书	在	上	-	桌子

书在桌子上

He goes **with** her.

he	goes	with	her
他	去	和	她

他和她去

I am **at** home.

I	am	at	home
我	在	里	家

我在家里

The chair is **by** the table.

the	chair	is	by	the	table
-	椅子	在	旁边	-	桌子

椅子在桌子旁边

I am **from** America.

I	am	from	America
我	是	从	美国

我**从**中国来

The monkey walks **up** the stairs.

the	monkey	walks	up	the	stairs
-	猴子	走	上面	-	楼梯

猴子**在**楼梯**上面**走

The movie is **about** food.

the	movie	is	about	food
-	电影	是	关于	食物

电影是**关于**食物的

The mouse runs **into** the maze.

the	mouse	runs	into	the	maze
-	老鼠	跑	进	-	迷宫

老鼠跑**进**迷宫**里**

The airplane flies **over** us.

the	airplane	flies	over	us
-	飞机	飞去	上面	我们

飞机**在**我们的**上面**飞去

I leave **after** the show.

I	leave	after	the	show
我	离开	后	-	节目

我**在**节目结束**后**离开

The fish are **under** the boat.

the   fish   are   under   the   boat

\-   鱼   在   下面   -   船

鱼**在**船**下面**

The sun is **above** us.

the   sun   is   above   us

\-   太阳   在   上面   我们

太阳**在**我们的**上面**

It is too hot **for** me.

it   is   too   hot   for   me

它   是   太   热   对   我

对我太热了

连词

连词在中文和英文中的用法是相同的。

I eat, **and** I drink.

I	eat	and	I	drink
我	吃饭	而且	我	喝水

我吃饭，**而且**我喝水

He is not hungry, **but** he will eat.

he	is	not	hungry
他	是	不	饿

but	he	will	eat
但是	他	会	吃饭

他不饿，**但是**他还是会吃饭的

Are you going to walk **or** run?

are	you	going to	walk	or	run
是	你	会	走路	还是	跑步

你打算走路**还是**跑步？

47

He **and** she talk.

he	and	she	talk
他	和	她	说话

他**和**她说话

She will study, **or** she will sleep.

she	will	study	or
她	会	学习	还是

she	will	sleep
她	会	睡觉

她会学习，**还是**她会睡觉

Studying is fun, **but** it takes time.

studying	is	fun	but
学习	是	快乐	但是

it	takes	time
它	花	时间

学习很快乐，**但是**花很多时间

对照

在英语里，就像在中文里一样，你可以用特殊的短语和单词来对照东西。

The movie is **good**.

the	movie	is	good
-	电影	是	很好

电影**很好**

Chicken is **very** good.

chicken	is	very	good
鸡肉	-	很	好吃

鸡肉**很好吃**

This car is **the best**.

this	car	is	the	best
这个	汽车	是	-	最好的

这个汽车是**最好**的

49

Motorcycles are better **than** bicycles.

motorcycles	are	better	than	bicycles
摩托车	是	更好	比	自行车

摩托车**比**自行车**更好**

Chicken is **as** good **as** fish.

chicken	is	as good as	fish
鸡肉	是	一样好	鱼

鸡肉和鱼**一样**好吃

She is taller **than** him.

she	is	taller	than	him
她	是	更高	比	他

她**比**他高

50

问题

在英语里，问题总是以问号**?** 来结尾的。

Where are you?

where	are	you
哪里	在	你

你在**哪里**？

Who is he?

who	is	he
谁	是	他

他是**谁**？

How do I say that?

how	do	I	say	that
怎么	做	我	说	那个

我**怎么**说那个？

What are these?

What is this?

what	is	this
什么	是	这

这是**什么**？

When does the train leave?

when	does	the	train	leave
什么时候	做	-	火车	离开

火车在**什么时候**离开？

Why did you do that?

why	did	you	do	that
为什么	做了	你	做	那个

为什么你做了那个？

How many do you want to buy?

how many	do	you	want	to buy
多少	做	你	要	买

你要买**多少**？

How big is the building?

how big	is	the	building
多大	是	-	建筑

这个建筑有**多大**？

How much does it cost?

how much	does	it	cost
多少	做	它	成本

它是**多少**钱？

Do you have a bicycle? *bike*

do	you	have	a	bicycle	?
-	你	有	-	自行车	吗

你有自行车**吗**？

Is the car large or small?

is	the	car	large	or	small
是	-	汽车	很大	或者	很小

那辆汽车很大或者很小**？**

Can I eat this?

can	I	eat	this	?
可以	我	吃	这个	吗

我可以吃这个**吗**？

练习句子

The gray cat quietly runs on the table.

the	gray	cat	quietly
-	灰色的	猫	悄悄地

runs	on	the	table
跑步	在…上	-	桌子

灰色的猫在桌子上悄悄地跑步

I slowly eat large potatoes for one hour.

I	slowly	eat	large
我	慢慢地	吃	很大的

potatoes	for	one	hour
土豆	用	一	小时

我用一小时慢慢地吃很大的土豆

She bought many old paintings from the store.

she	bought	many	old
她	买了	许多	旧

paintings	from	the	store
画	从	-	商店

她从商店里买了许多旧画

The ten short men jump happily over the chair.

the	ten	short	men	jump
-	十个	小矮	人	跳去

happily	over	the	chair
快乐地	在…上	-	椅子

十个小矮人在椅子上快乐地跳去

常用词

常用词是开始学习一个新语言的好方法。这样你可以将你能识别的单词最大化。有需要的话可以查找稀有单词。在空格的右边，请用单词涂写一个短语。

最常见的25个动词

be	是	shì
be (place)	在	zài
think	想	xiǎng
know	知道	zhīdào
see	看	kàn
look	看到	kàn dào
find	找	zhǎo
say	说	shuō
ask	问	wèn
tell	告诉	gàosù
call	叫	jiào

feel	觉得	juédé
go	去	qù
come	来	lái
leave	离开	líkāi
get	得到	dédào
give	给	gěi
take	取	qǔ
want	要	yào
have	有	yǒu
try	试	shì
use	用	yòng
do	做	zuò
make	做	zuò
seem	似乎	sìhū
work	工作	gōngzuò

最常见的25个 名词

English	中文	Pinyin
time	时间，次	shíjiān, cì
person	人	rén
year	年	nián
way	办法	bànfǎ
day	日	rì
thing	东西	dōngxī
man	男人	nánrén
world	世界	shìjiè
life	生活	shēnghuó
hand	手	shǒu
part	部分	bùfèn
child	孩子	háizi
eye	眼睛	yǎnjīng

woman	女人	nvrén
place	地方	dìfāng
work	工作	gōngzuò
week	星期	xīngqí
case	例	lì
point	点	diǎn
government	政府	zhèngfǔ
company	公司	gōngsī
number	数	shù
group	小组	xiǎozǔ
problem	问题	wèntí
fact	事实	shìshí

最常见的25个形容词

English	中文	Pinyin
good	好	hǎo
new	新	xīn
first	第一	dì yī
last	最后	zuìhòu
long	长	zhǎng
great	很好	hěn hǎo
little	小	xiǎo
own	自己	zìjǐ
other	其他	qítā
old	旧	jiù
right	对	duì
big	大	dà
high	高	gāo

different	不同	bùtóng
small	小	xiǎo
large	大	dà
next	下个	xià gè
early	早	zǎo
young	年轻	niánqīng
important	重要	zhòngyào
few	少	shǎo
public	公	gōng
bad	坏	huài
same	一样	yīyàng
able	会	huì

常见的介词

to	到	dào
of	的	de
in	里	lǐ
for	对, 为, 给	duì, wèi, gěi
on	上	shàng
with	和, 根	hé, gēn
at	在	zài
by	旁边	pángbiān
from	从	cóng
up	上面	shàngmiàn
into	里面	lǐmiàn
over	上面	shàngmiàn
under	下面	xiàmiàn

其他有用的单词

this (pronoun)	这个	zhège
that (pronoun)	那个	nàgè
this (adjective)	这	zhè
that (adjective)	那	nà
here	这里	zhèlǐ
there	那里	nàlǐ
yes	对，是	duì, shì
no	没，不	méi, bù
one	一	yī
some	一些	yīxiē
all	所有，都	suǒyǒu, dōu

你能翻译这些句子吗？

我是一个**人**

我认识那个**男人**和这个**女人**

我看我的**手**

我**说**你好

我**告诉**一个朋友

我感觉**好**和**坏**

我**来**自美国

我**得**一分

我**拿**一部分披萨

我**有**个眼睛

我**想**着孩子

我**看到**问题了

我**找**小组.

我**问**一个问题

我给公司**打电话**

我**去**上班

我**离开**这个地方

我**给**你个东西

我**想要**些鸡

我**试**着跑步

我**用**手机　　　　我做**作业**

我**做**个蛋糕　　　我看起来**高兴**和**伤心**

我每**天**上班　　　什么**时间**了？

一**年**有12个月　　一个**月**有4个礼拜

一**周**有7天　　　**他们**会走哪边？

世界很**大**　　　　人生很**长**

那样的话我去**饭店**　政府有很多**人**

我**在想**一个数字　　这是**事实**吗？

你能写自己的英文句子吗？

_____

_____

_____

Made in the USA
Middletown, DE
23 November 2018